Ce journal appartient à :

....

Ce journal est à moi !
Merci de ne pas le lire sans
ma permission

Qui es-tu ?

J'ai .... ans

De quoi rêves-tu?

et je m'appelle ....

J'habite à .... avec

....

Mon signe astrologique

....

Ma passion

....
....

Ma famille

....
....
....
....

Mes animaux

....
....
....

Mes Préférences

Mon plat préféré

....

ma couleur préférée

....

mon livre préféré

....

Mon animal préféré

....

Mon activité préférée

....

mon sport préféré

....

ma musique préférée

....

Mon film préféré

....

Mon école & mes amis

Mon école : ....

Ma classe : ....

Mes amis

....

....

....

....

Ma meilleure amie

....

Mon meilleur ami

....

Ce que j'aime à l'école

....

....

Ce que je n'aime pas à l'école

....

....

Mes photos souvenirs de l'école et de mes amis

Mes Émotions et mes Rêves

Ce qui me rend heureuse

....
....
....

Ce qui me rend triste

....
....
....

La chose la plus cool que j'ai envie de faire

....
....

Ce que je rêve de faire cette année

....

....

....

....

Date :
....

Cher Journal, ...
....
....
....
....
....
....
....
....
....
....
....
....
....
....
....

Dessins, photos, gribouillis....

Exprime-toi...

Date :
....

Cher Journal, ...
....
....
....
....
....
....
....
....
....
....
....
....
....
....

Colorie les lettres selon
ton humeur

J'AI LE

DROIT DE

ME

TROMPER

Date :
....

Cher Journal, ...
....
....
....
....
....
....
....
....
....
....
....
....
....
....
....
....

Dessins, photos, gribouillis....
Exprime-toi...

Date :
....

Cher Journal, ...
....
....
....
....
....
....
....
....
....
....
....
....
....
....
....

Dessins, photos, gribouillis....
Exprime-toi...

Ce que j'aime en ce moment

....

....

....

....

....

Ce que je n'aime pas en ce moment

Mon humeur du moment :

....

....

....

....

....

Ma photo préférée
du moment :

Ma Liste du bonheur

Pense à faire régulièrement ta liste du bonheur, elle t'aidera à trouver toutes ces petites choses qui te donnent le sourire

écrire dans mon journal intime

aller me promener dans la nature

envoyer des bisous à ma mamie

faire des calins à mon chat

manger mon gâteau préféré

à ton tour ! →

Ma Liste du bonheur

★

★

★

★

★

★

★

★

Date :
....

Cher Journal, ...

....

....

....

....

....

....

....

....

....

....

....

....

....

....

Dessins, photos, gribouillis....
Exprime-toi...

Date :
....

Cher Journal, ...
....
....
....
....
....
....
....
....
....
....
....
....
....
....
....
....

Colorie-moi

JE SUIS MAGIQUE

Date :
....

Cher Journal, ...
....
....
....
....
....
....
....
....
....
....
....
....
....
....
....

Dessins, photos, gribouillis....
Exprime-toi...

Date :
....

Cher Journal, ...

....

....

....

....

....

....

....

....

....

....

....

....

....

Dessins, photos, gribouillis....
Exprime-toi...

Ce que j'aime en ce moment

....
....
....
....
....

Ce que je n'aime pas en ce moment

Mon humeur du moment :

....
....
....
....
....

Colorie-moi

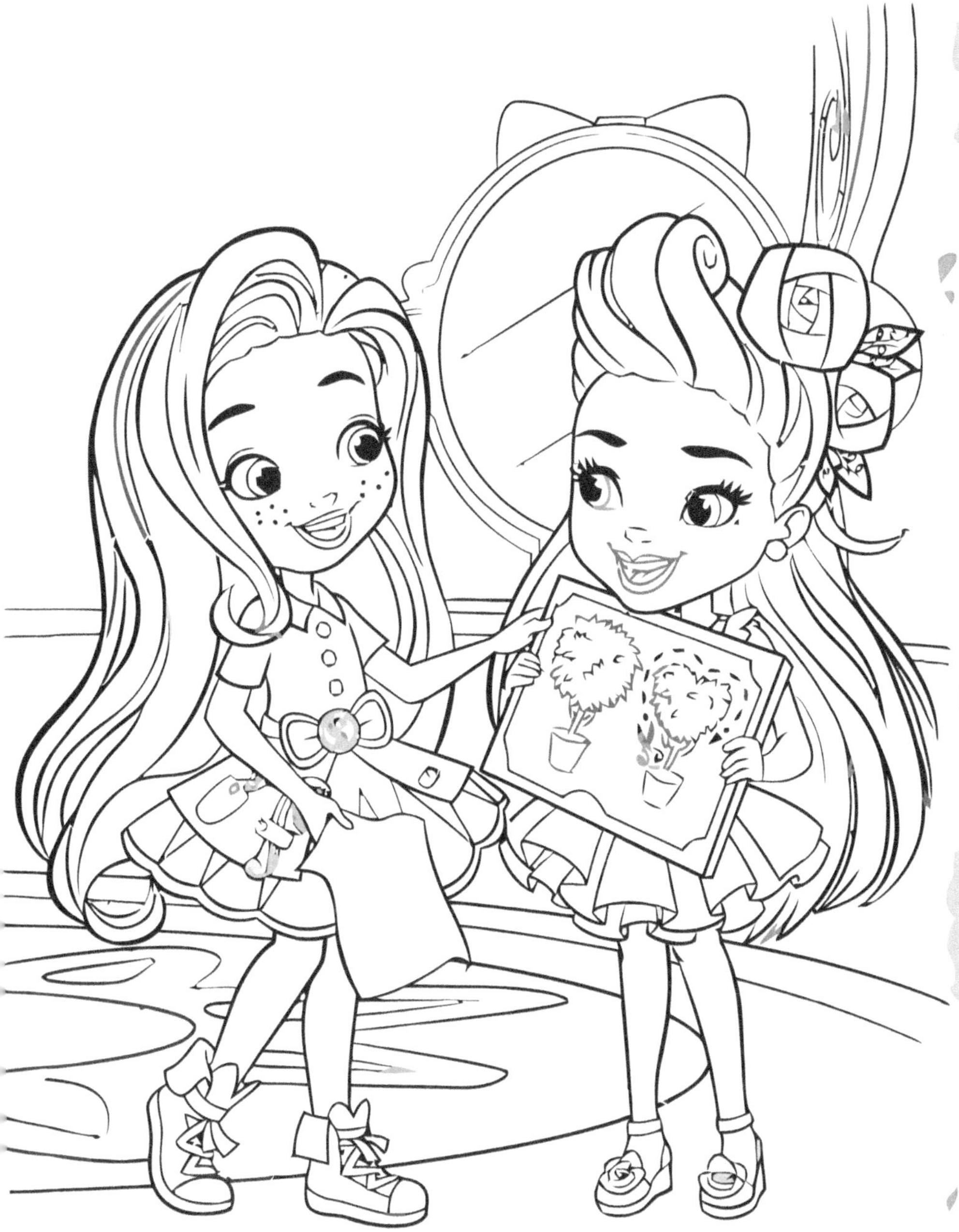

Mon meilleur souvenir en amitié

Mes ami(e)s

....

....

....

....

....

....

Ma photo préférée

Date :
....

Cher Journal, ...
....
....
....
....
....
....
....
....
....
....
....
....
....
....
....
....

Dessins, photos, gribouillis....

Exprime-toi...

Date :
....

Cher Journal, ...

....

....

....

....

....

....

....

....

....

....

....

....

....

....

Colorie les lettres selon ton humeur

JE SUIS

CAPABLE

Date :
....

Cher Journal, ...
....
....
....
....
....
....
....
....
....
....
....
....
....
....
....

Dessins, photos, gribouillis....
Exprime-toi...

Date :
....

Cher Journal, ...

....

....

....

....

....

....

....

....

....

....

....

....

....

....

....

....

Dessins, photos, gribouillis.....
Exprime-toi...

Souvenir de mon anniversaire

J'ai eu .... ans

JOYEUX ANNIVERSAIRE !

HAPPY BIRTHDAY !

....
....
....
....
....
....
....

Ma photo préférée

Les anniversaires à ne pas oublier

maman

....

papa

....

mamie

....

papy

....

Les anniversaires à ne pas oublier

Date :
....

Cher Journal, ...
....
....
....
....
....
....
....
....
....
....
....
....
....
....
....
....

Dessins, photos, gribouillis....
Exprime-toi...

Date :
....

Cher Journal, ...
....
....
....
....
....
....
....
....
....
....
....
....
....
....
....

Date :
....

Cher Journal, ...
....
....
....
....
....
....
....
....
....
....
....
....
....
....

Dessins, photos, gribouillis....
Exprime-toi...

Ce que j'aime en ce moment

....
....
....
....
....

Ce que je n'aime pas en ce moment

Mon humeur du moment :

....
....
....
....
....

Ma Liste du bonheur

★

★

★

★

★

★

★

★

Mon meilleur souvenir
en famille

quand, avec qui et ou ?

....

....

....

....

....

....

....

Ma photo préférée

Date :
....

Cher Journal, ...

....

....

....

....

....

....

....

....

....

....

....

....

....

Dessins, photos, gribouillis....
Exprime-toi...

Date :
....

Cher Journal, ...

....

....

....

....

....

....

....

....

....

....

....

....

....

....

....

....

....

JE

POURSUIS

MES RÊVES

Date : . . . .

Cher Journal, ...

. . . .

. . . .

. . . .

. . . .

. . . .

. . . .

. . . .

. . . .

. . . .

. . . .

. . . .

. . . .

. . . .

. . . .

. . . .

Dessins, photos, gribouillis....
Exprime-toi...

Date :
....

Cher Journal, ...
....
....
....
....
....
....
....
....
....
....
....
....
....

Date :
....

Cher Journal, ...
....
....
....
....
....
....
....
....
....
....
....
....
....
....
....

Dessins, photos, gribouillis.…
Exprime-toi…

Ce que j'aime en ce moment

....

....

....

....

....

Ce que je n'aime pas en ce moment

Mon humeur du moment :

....

....

....

....

....

Ma photo préférée du moment :

Ma Liste du bonheur

★

★

★

★

★

★

★

★

Ma Liste d'envies

Pour ne pas oublier toutes les choses que tu veux mais que tu ne peux pas avoir immédiatement !

Date :
....

Cher Journal, ...

....

....

....

....

....

....

....

....

....

....

....

....

....

....

Dessins, photos, gribouillis....
Exprime-toi...

Date :
....

Cher Journal, ...
....
....
....
....
....
....
....
....
....
....
....
....
....
....

LA VIE EST

MERVEILLEUSE

QUAND ON

SOURIT !

Date :
....

Cher Journal, ...
....
....
....
....
....
....
....
....
....
....
....
....
....
....

Dessins, photos, gribouillis....
Exprime-toi...

Date :
....

Cher Journal, ...
....
....
....
....
....
....
....
....
....
....
....
....
....
....
....
....
....
....

Dessins, photos, gribouillis....
Exprime-toi...

Ce que j'aime en ce moment

....
....
....
....
....

Ce que je n'aime pas en ce moment

Mon humeur du moment :

....
....
....
....
....

J'APPRENDS DE CHAQUE ERREUR

Mon plus joli souvenir
des vacances

quand, avec qui et ou ?

Ma photo préférée

Date : ....

Cher Journal, ...

....

....

....

....

....

....

....

....

....

....

....

....

....

Dessins, photos, gribouillis....
Exprime-toi...

Date :
....

Cher Journal, ...
....
....
....
....
....
....
....
....
....
....
....
....
....
....
....

Dessins, photos, gribouillis....
Exprime-toi...

Mes Rêves

Quel est ton plus grand rêve ?

....

....

....

....

....

....

Fais de ta vie un rêve et d'un rêve une réalité

Antoine de Saint-Exupéry

Ose vivre tes rêves !

Colorie-moi

L'attrape rêve permet d'éloigner les mauvais rêves

Ce que j'aime en ce moment

....

....

....

....

....

Ce que je n'aime pas en ce moment

Mon humeur du moment :

....

....

....

....

....

Ma photo préférée du moment :

Date :
....

Cher Journal, ...
....
....
....
....
....
....
....
....
....
....
....
....
....
....

Dessins, photos, gribouillis....
Exprime-toi...

Date : . . . .

Cher Journal, ...

. . . .

. . . .

. . . .

. . . .

. . . .

. . . .

. . . .

. . . .

. . . .

. . . .

. . . .

. . . .

. . . .

Date :
....

Cher Journal, ...
....
....
....
....
....
....
....
....
....
....
....
....
....
....
....

Dessins, photos, gribouillis....
Exprime-toi...

Date :
....

Cher Journal, ...
....
....
....
....
....
....
....
....
....
....
....
....
....
....

Date : . . . .

Cher Journal, ...

. . . .

. . . .

. . . .

. . . .

. . . .

. . . .

. . . .

. . . .

. . . .

. . . .

. . . .

. . . .

. . . .

. . . .

Dessins, photos, gribouillis....
Exprime-toi...

Ce que j'aime en ce moment

....

....

....

....

....

Ce que je n'aime pas en ce moment

Mon humeur du moment :

....

....

....

....

....

Ma Liste du bonheur

★

★

★

★

★

★

★

★

Le plus beau moment de l'année de mes ...... ans

Ma photo préférée

Nous vous remercions d'avoir acheté notre livre et nous espérons qu'il vous plaira

Nous sommes une petite maison d'édition indépendante et nous mettons tout notre coeur à réaliser des ouvrages de qualité

Si notre travail vous plaît, n'hésitez pas à nous laisser un commentaire

Cela nous encouragera et nous permettra de nous améliorer pour continuer à vous offrir toujours plus de livres de qualité ....et puis surtout ça fait plaisir !!!

Printed in France by Amazon
Brétigny-sur-Orge, FR

20765835R10060